AF284542

gespräche mit jonas

..machen Mut zum Leben

Gestatten,

Sensenmann

Wenn dunkle Kräfte nach dir greifen

Wolfgang Nicolaus

Bibliografische Information
der Deutschen Nationalbibliothek:
Die Deutsche Nationalbibliothek verzeichnet diese
Publikation in der Deutschen Nationalbibliografie;
detaillierte bibliografische Daten sind im Internet über
http://dnb.dnb.de abrufbar.

Titelbild: Vicki Hamilton auf Pixabay

Herstellung und Verlag:
BoD – Books on Demand, Norderstedt

ISBN: **9783756882151**

Inhaltsverzeichnis

Deine Angst ist meine Einladung

Ich liebe deine Angst, und bitte dich zu Tisch.

Dein Alptraum könnte die Vorspeise sein.
Deine Verzweiflung wäre das 5 Gänge-Menü.
Deine Tränen werden in das Dessert fließen.

Lass und gemeinsam speisen und deine Angst genießen.

Hinweis

In diesem Buch werden Gespräche zwischen Jonas und dem Autor wiedergegeben. Die Hinweise, die währenddessen von Jonas kommen, sind von ihm auf meinen individuellen Weg zugeschnitten und aus himmlischer Sicht zu interpretieren. Eine Gültigkeit für jedermann ist daher kaum ableitbar. Es können gerne Informationen in das eigene Leben integriert werden, sofern sie nützlich erscheinen.

Die Gespräche mit Jonas weichen oft von dem ab, was über Themen wie diese üblicherweise geschrieben wird, weil er eine ganz andere Übersicht hat als Menschen, die aus einem begrenzen Sichtfeld agieren.

Kraft deiner eigenen Entscheidungsfreiheit kannst du dem Dialog mit Jonas unter diesem Aspekt etwas abgewinnen oder nicht. Das bleibt ganz dir überlassen.

Wer ist Jonas?

Jonas ist mein übergeordneter Begleiter, Freund und abendlicher Gesprächspartner aus einer höheren Daseinsebene. Er hilft mir Lebensbereiche, auch weit über dieses irdische Leben hinaus, zu erkunden. In jedem Falle werden mir dabei viele neue, interessante Sichtweisen aufgezeigt. Wenn Jonas etwas mit mir bespricht, ist seine Antwort schon in meinem Kopf, bevor ich eine Frage zu Ende gebracht habe. Dabei ist er schonungslos offen und gibt Antworten, die mich oft sehr nachdenklich machen. Und das ist gut so, sonst komme ich mit meiner inneren Entwicklung nicht weiter. Ab und zu muss ich einen Tritt in den Allerwertesten haben, bevor ich den Gleichnamigen bewege.

Jonas ist Freund, nicht Lehrer. Er gibt Anstöße zum irdischen Leben in Ausrichtung auf die Werte, die im Himmel als Existenzgrundlage unabdingbar sind.

Hinweis von Jonas an den Leser

„Alles, was hier folgt ist nicht von mir, sondern vom >Sensenmann<. Außer das anschließende Gespräch mit dem Autor in der gewohnten Dialogform.

Lese langsam und intensiv, hier lauert auf Zweifler und Ängstliche ein perfides Netz von Verführungskünsten.

Die Wahl bleibt dir immer, ob du folgen möchtest.

Die Wahl bleibt dir immer, ob du abwehren kannst.

Bleibe wachsam. Der Fürst mag dich suchend. Er sieht lohnende Beute in dir."

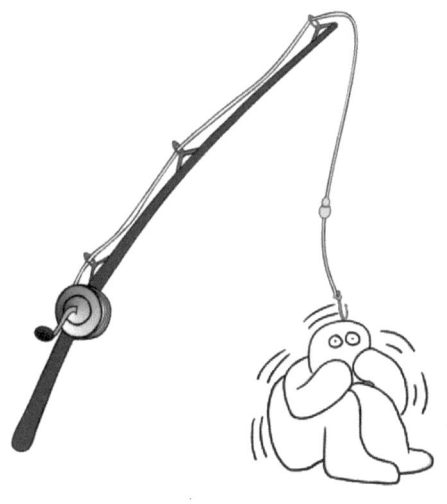

Zweifler sind eine lohnende Beute

Gestatten, Sensenmann. Ich liebe deine Angst

Zu Unrecht man munkelt ich sei doch der Henker, der abholt zum Tod. Das ist eine Lüge, die draußen kursiert.

Ich trage die Bürde, das richtigzustellen. Ich könnte dich tragen, sofern du nur willst. Ich habe Befugnis den Tod zu verscheuchen.

Der muss auf dich warten, solange du Angst hast und dicht bei mir bleibst. Ich sorge dafür, dass du noch nicht stirbst.

Doch muss ich dich prüfen, wie groß deine Angst ist, weil es mich Kraft kostet dich lebend zu halten. Die Müh um dein Wesen muss sich für mich lohnen.

Du musst es mir laut sagen, dass du viel Angst hast. Du muss darum bitten, dass ich für dich da bin. Du musst mir gestatten, dass ich in dir wohne. Ich brauche Erlaubnis, begleiten zu dürfen.

Dann musst du das lassen, was Jesus sich nennt. Denn Angst will er nehmen. Das willst du doch nicht. Ich lasse sie dir und sorge für dich.

Sie wiegt uns gemeinsam in schlaflose Nächte. Was stört, das halte ich fern. Du wirst nicht mehr hören, was Glaube berichtet.

Ich werde dein Fürst sein und sagen was gut ist. Ich werde bestellen das Feld nur für dich. Die Sense ist scharf und erntet in Fülle. Wir schwelgen gemeinsam im Futter der Furcht.

So mach mir die Freude, die Angst zu erhalten. Mein Name verpflichtet. Ich helfe doch gern.

Wer ist denn schon dein Jonas

Als unterste Charge ist er auch nur ein Sklave. Was kann er dir bieten? Den Weg dir zu zeigen? Ich lache mal laut hier, ich weiß so viel mehr. Er fürchtet sich auch noch, genauso wie du.

Könnte er auch zu mir kommen, er würde es tun. Ich bin mir da sicher.

Versprechen braucht Größe, die er gar nicht hat. Beweis ist nicht möglich, die Furcht bleibt bestehen.

Vertraust du ihm ganz, wirst du mehr leiden als ich dir hier biete, in Angst nur zu bleiben.

Der Warteraum

Beim Arzt wartet niemand gern lange dort sitzend.
Die Angst ist dir inne, was drinnen passiert.

Vielleicht ist es besser, jetzt schnell noch zu flüchten. Der Schmerz ist vergessen, bevor man dich ruft.

Ich sage dir weise: Zu warten auf Unbestimmtes ist töricht genug. Die Angst wird doch bleiben, egal was du tust. So kannst du dir sparen zu leiden beim Arzt.

Der Arzt heißt hier Jesus. Du kennst ihn noch nicht.
Sich dir mal zu zeigen, verwehrst du ihm ja.

Mit Angst kommst du zu mir, ich danke dir sehr.
Wir können doch gehen und meiden den Arzt.

Deine Unsicherheit ist ein Leckerbissen

Bleib klein und bleib bei mir, hier ist es doch schön. Bei mir darfst du dich fürchten so viel wie du willst. Ich will dich nicht ändern.

Ich sage dir nicht, dass du durch den Tod musst. Dort wartet nur Fremdes, das brauchst du doch nicht.

Ich lebe gewohntes. Das liegt dir doch auch. Du willst besser bleiben, dort wo man dich liebt. Du klammerst gern Altes. Das wohnt bei mir schon.

Sieh ein das ich recht bin, dann geht es dir gut.

Ich bin deine Wahrheit

Ich weiß doch genau welch Hütte du brauchst. Wer kann mir denn reichen das Wasser dafür? Ein Himmel wird fordern. Das gibt's nicht bei mir.

Ich fühle doch mit dir, und pflege dich gern. Verlass dich auf Rat den der Fürst für dich hat.

Bedingung ist nur, du musst unterschreiben, dass du bei mir einziehst. Und bete zu mir. Ich habe doch Aufwand zum wärmen dein Haupt. Du siehst es doch ein, es macht mir viel Müh.

Für dich bleibt der Körper. Dein Sein bin dann ich.

Nimm den leichteren Weg

Der Himmel ist anstrengend, die Wege sind lang.
Du gehst sie beschwerlich und fällst häufig hin.
Man prüft dich hier dauernd damit du noch
glaubst.

Bei mir ist es einfach, ich prüfe ja nicht. Ich muss
dich nicht formen damit du dich liebst. Ich biete
dir Heimat und liebe die Angst, die tief in dir
wohnt und beide uns nährt. Ich stärke sogar, was
du gern behältst.

Ich werde dich lehren über andere zu herrschen.
Du wirst ihnen wichtig, weil sie so gern folgen. Sie
werden dich bewundern, wie weit du schon bist.
Sie werden dich loben – ganz so wie ich will.

Inspirationen vom Himmel sind wertlos

Sie spannen dich ein, damit du dann nachdenkst.
Ich wäge nicht ab, ich liebe die Zweifel.

Wir bleiben schön lange weit unterm Radar. Da findet dich niemand, auch nicht dieser Jesus. Die Schäfchen, die er hat, die mussten ihn suchen.

Im Gegensatz dazu schau ich doch nach dir. Lass dich fallen in meinen großen Mantel.

Da sind auch noch mehr, die ängstlich auch schlottern. Ihr werdet euch lieben gemeinsam mit mir.

Seelenheil ist Blödsinn

Man sagt allgemein, es gibt da die Seele. Glaubst du diesen Unfug?

Man will dich umgarnen, von dem du nicht weißt, ob wirklich es ist. Hier hast du Bekanntes, und brauchst nichts zu wandeln.

Ich bleibe bei dem, was du dir so wünschst. Das Heil, was du suchst - es kommt nur mit mir.

Folgsamkeit ist mein Credo

Dein Leben wird mehr sein, als du dir erhoffst. Ich sorge für dich, und mehre deinen Reichtum. Mit Angst wird gewürfelt wer mehr davon hat.

Ich werde dich trösten, solange du bleibst. Verlierer gibt's nicht mehr, ich lass dich nicht fallen. Ich lade zum Nachtisch als Siegel zu mir.

Ich liebe die Schäfchen, die Führung verlangen. Wer wegrennt und fremd frisst, dem bringe ich Pein.

Die Lust an Macht

So süß wie der Zucker ist machtvolles Tun. Bevor du da hinkommst, verkünde mein Wort. Der Ruhm ist dann unser, gemeinsam erreicht.

Du wirst mir gern folgen, ich bin mir da sicher. Denn Macht ist der Balsam, der dir doch so fehlt.

Und später danach wird Rache noch süßer. Die Macht ist dein Werkzeug, das du gern gebrauchst.

Ich werde dich führen in diesen Gefilden. Dein Dank ist mir sicher, ich weiß, wie du tickst.

Warum nach Jesus suchen. Ich bin schon da!

Wenn du hinrennst zu Jesus, dann lass mich in Ruhe. Er wird dich enttäuschen, ich weiß das genau.

Ich warte nicht lange, mein Angebot steht. Endscheiden ist wichtig, das Zögern ist schlecht.

Du suchtest schon lange und wanderst am Abgrund. Wenn ich dich nicht nehme, dann bleibst du allein.

Ich schenke die Hilfe, die gut zu dir passt. Doch wenn du herumbockst, hinfort dann mit dir.

Verpass nicht die Chance, die einmal nur kommt.

Das Gespräch mit Jonas

„Jonas, ich frage dich, was ist hier los?"

„Der Fürst ist ein großer Guru und wirft gerade die Angel der Verführung nach dir aus. Du musst aufpassen!"

„Wer, oder was ist der Fürst?"

„Es ist der Sensenmann, der sich für den Fürsten hält, weil er selbst an seine Macht über die Ängstlichen glaubt."

„Was gibt ihm das Recht dazu?"

„Niemand hat ihm das gegeben. Schon gar nicht der Himmel.

Er nimmt sich das einfach, was er Kraft seines dunklen Glaubens meint, dass es ihm zusteht."

„Ist das der einzige Grund für seine Überheblichkeit?"

„Er ist ein Lichtloser, kann also das Licht nicht mehr wahrnehmen. Das bringt ihn auf die Palme. Deshalb sucht er nach Schäfchen, um sich selbst von seinem Elend abzulenken."

„Wo findet er seine Schäfchen?"

„Unter den Menschen die Gottes Worte ablehnen. Das war auch mal sein Weg.

Da gibt es auch die, die noch nicht ihre Richtung ausgelotet haben, also unsicher sind. Oder die, die einfach noch auf der Suche sind.

Oder die, die schon auf festem Grund stehen, und bewusst weitere Erfahrungen machen wollen. Es gibt viele Gründe, dem Fürsten zu begegnen.

Menschen sind grundsätzlich Suchende, und immer gefährdet. Das sind leichte Opfer, weil Suchende neugierig und offen sind. Daraus ergibt sich Verletzlichkeit."

„Sind alle Suchende verletzlich?"

„Meistens. Das liegt in der Natur einer jeden Suche. Du betrittst damit Neuland, worin du dich erst einmal wieder orientieren musst."

„Und der Fürst, also der Sensenmann, geht da wie vor?"

„Äußerst geschickt. Er bietet dir Bequemlichkeit und lässt deine Angst zu.

Das tut dir gut, denn es zeigt dir an, dass dich jemand versteht."

„Und das ist sein Angelhaken?"

„Genau. Die Wahrscheinlichkeit, dass du anbeißt, ist groß."

„Aber an einen Angelhaken ohne Köder beißt doch niemand an, Jonas."

„Der Wurm, also der Köder, ist sein Verständnis für dich. Und sein Angebot, dich nicht ändern zu wollen. Suchende sind noch nicht gefestigt. Gefestigte müssen nicht mehr suchen. Sie haben ihre Heimat."

„Sprichst du hier von den gläubigen Menschen?"

„Nicht unbedingt. Glaube ist vielfältig. Das müssen wir hier nicht diskutieren. Es geht um die Heimat, die dabei wichtig ist."

„Der Fürst spricht eigentlich klar erkennbar. Er sagt doch: Ich bin Feinschmecker deiner Angst. Gibt das Suchenden nicht Anlass zum Nachdenken?"

„Sollte so sein. Aber die Erfüllung deiner Erwartung, dass jemand endlich deine Angst akzeptiert - und sie sogar gutheißt, lässt dich blind werden."

„Ich weiß, dass Viele von Alpträumen geplagt werden. Sie suchen Erklärungen. Da kommt seine Aussage ganz recht, wenn er sagt: Deine Alpträume sind meine Vorspeisen."

„Genau. Beachte dabei: Das ist sehr gut verpackt. Du könntest hier denken, dass er dir helfen will, weil er diese Alpträume ernst nimmt. Du fühlst dich verstanden.

Eine perfide Angelegenheit, so verführerisch daherzukommen."

„Er redet auch von einem 5 Gänge-Menü. Wie könnte das gemeint sein?"

„Er spricht von einem Warteraum, in dem er sich viel Zeit für dich nimmt. Du kannst darin verweilen. Am besten mit ihm. So kann er alle Register ziehen, weil du ihm zuhörst. Er rät immer wieder davon ab zum Arzt hineinzugehen. Also bleibst du lieber im Warteraum.

„Und den Warteraum bietet er mir ja auch vehement an!"

„Richtig. Das lindert auch die oft vorhandene Verzweiflung, weil du selbst keine Lösung siehst. Du zappelst bereits an seiner Angel."

„Wie kann das 5 Gänge-Menü gemeint sein?"

„Zum 5 Gänge-Menü braucht man Zeit. Er bedeutet dir, dass er sich viel Zeit mit dir nimmt. Das ist Balsam für dich."

„Er sagt auch: Meine Tränen werden sein Nachtisch sein. Das verstehe ich nicht so ganz, Jonas."

„Eine sehr versteckte Botschaft. Ich kann diese auch nicht richtig deuten. Er ist sehr geschickt, weißt du. Aber eines weiß ich genau: Er tut alles, um dich einzulullen."

„Wenn er dann noch sagt, dass die Ablehnung zu Gott sein Dessert ist, offenbart er ja seinen Hass auf Gott. Dann wird mir doch klar, dass er ein falscher Fuffziger ist, oder?"

„Hier geht's dann für ihn auf ein Feld, welches er dir vermeintlich als Freiheit deiner Entscheidungsgewalt offeriert.

Du könntest da ins Stocken geraten, und ihm die Gefolgschaft verwehren, ja.

Aber genau hier liegt der Punkt, wo du dich in den Angelhaken festbeißen wirst. Du denkst, er ist doch ehrlich zu dir. Warum solltest du ihm also misstrauen?

Die Schlinge hat sich zugezogen."

„Zum Schluss sagt er noch: Lass uns gemeinsam speisen. Was meinst du dazu, Jonas?"

„Es ist die Untermauerung der Gemeinsamkeit, auch die mit den anderen, die er in seinem Köcher hat. *Wir speisen gemeinsam* sagt aus, dass du nicht allein bist. Das ist Geborgenheit, oder?"

„So sind alle Zweifel ausgeräumt. Ich bin platt, wie einfach es ist, Menschen zu verführen."

„Ihr seid alle viele Male am Zweifeln. Du selbst hast genügend Bekanntschaft damit gemacht. Doch alles schärfte nur deinen Blick auf das Ganze. So haben auch Verführungen ihre Aufgabe im göttlichen Lebensgefüge, denn jede Lüge entlarvt sich über kurz oder lang selbst."

„Jonas, wenn ich aber einmal in den Fängen des Sensenmannes bin? Komme ich da je wieder raus?"

„Klar. Er wird seine Versprechen nicht lange aufrecht halten können. Das wird dir bald bewusst. Und dann hat er seine Macht verloren. Du kannst auf deinen rechten Weg zurückkehren. Danach bist du besser gegen solche Machenschaften gerüstet."

„Somit bekommen deine Worte: Leben muss schwierig sein, wieder viel Gewicht."

„Gut erfasst. Das Leben als Mensch ist nicht als Pein gedacht, sondern als Lehrzeit."

„Genau. Und damit hat dieser komische Kauz, der sich Hüter der Angst nennt, keine Kraft mehr. Er kann also nur temporär wirken. Damit sehe ich ihn als Witzfigur."

„Nicht ganz, mein Freund. Auf einer gewissen Art ist auch er ein Lehrer für dich. Und er wird nicht nur einmal auftauchen."

Resümee

Jeder kennt Angst. Alle wissen, dass an jeder Ecke des Lebens Gefahren lauern. Und dennoch verirren sich viele in ihr.

Gott hat uns den freien Willen gegeben. Daraus ist nicht abzuleiten, dass er, der uns ja geboren hat, deshalb vor allen Übelkeiten gefälligst beschützen sollte. Wie kann es denn sein, dass er so viel Leid zulässt.

Der freie Wille ist sein großes Vertrauen in uns, damit wir den rechten Weg für uns selbst finden.

Wer noch die Zweifelsfrage in sich trägt, wird zur fetten Beute derer, die nur darauf warten eine Hängematte der Zuneigung und des Verstehens anzubieten.

Danke für deine Zeit

Meine größte Freude wäre es, wenn du dem Gespräch mit Jonas etwas für dich entnehmen konntest. Vielleicht hast du ein paar Minuten, um dort, wo du dieses Büchlein erworben hast ein paar Zeilen hineinzuschreiben.

Auf meiner Webseite:
www.gespräche-mit-jonas.de
freut sich auch mein Gästebuch auf dich :)

Wolfgang Nicolaus